ये कलम कुछ कहता है १

ये कलम कुछ कहता है ....

प्रज्ञा मिश्रा

XpressPublishing
An imprint of Notion Press

XpressPublishing
An imprint of Notion Press

Old No. 38, New No. 6
McNichols Road, Chetpet
Chennai - 600 031

First Published by Notion Press 2019
Copyright © Prajna Mishra 2019
All Rights Reserved.

ISBN 978-1-64760-173-7

This book has been published with all efforts taken to make the material error-free after the consent of the author. However, the author and the publisher do not assume and hereby disclaim any liability to any party for any loss, damage, or disruption caused by errors or omissions, whether such errors or omissions result from negligence, accident, or any other cause.

While every effort has been made to avoid any mistake or omission, this publication is being sold on the condition and understanding that neither the author nor the publishers or printers would be liable in any manner to any person by reason of any mistake or omission in this publication or for any action taken or omitted to be taken or advice rendered or accepted on the basis of this work. For any defect in printing or binding the publishers will be liable only to replace the defective copy by another copy of this work then available.

क्रम-सूची

1. माँ	1
2. पिता	2
3. शहीद	3
4. एक शहीद की कहानी उसकी माँ की ज़ुबानी......	4
5. अभिनन्दन को है अभिवंदन	5
6. आजाओ	6
7. ये है कारगिल की कहानी ..... जरा याद करो क़ुरबानी	7
8. चंद्रयान-२	9
9. अब कश्मीर भी आगे बढ़ेगा	10
10. बुलंद कर हौसला अपना	12
11. आज़ादी मुबारक	13
12. वह है हम सब के प्रिय अटल	14
13. तू तो हर रूप में प्रकट हैं	15
14. बेटी	16
15. बचपन	17
16. हे माँ	18
17. माँ की कोई मज़हब नहीं होता है	19
18. भूख	20
19. कुर्सी	21
20. राम रहीम में क्या रखा है	22
21. गुरु	24

1. माँ

माँ क्या होती है........
हमें इस संसार में लाने वाली एक चिराग होती है ,
अपनी दुनिया में शामिल करने वाली पहली इंशान होती है ,
धुप में छाँव और गहरे समुन्दर में नाव होती है,
इस जीवन को पूरा करने वाली एक प्यारा सा नाम होती है|
माँ कभी अच्छी या बुरी नहीं होती है, माँ तो आखिर माँ ही होती है ||

2. पिता

बाहर से शक्त और अंदर से नरम एक इंशान ,
जो है हर एक बच्चे का पहला अभिमान /
दुनिया से हमारा परिचय कराने वाला , वो शख्स,
जिसकी रहते सबकुछ लगता है आसान /
बच्चो के लिए अपनी दुनिया का पहचान ,
दुनिया के लिए अपने बच्चो का नाम /
जिसके हर काम से मिलता है सिख स्वाभिमान ,
जीवन के हर मुश्किल सफर में साथ देने वाला एक शस्खत आह्वान ||

3. शहीद

मंजिल दूर थी उनकी, पर हौसला नहीं,
बुलंद इरादों का कोई मोल नहीं
जो कल तक थे सिर्फ अपने माँ के लाल,
आज वो पुरे देश के है दुलाल/

ज़िन्दगी लम्बी नहीं थी उनकी, पर कर्म था महान,
दुनिया वाले उनको करते है सलाम /
सत् सत् नमन उन जिंदा दिल इन्शानो की,
तारीफ भी क्या करू उनके ज़ज़्बातो की,
सफल है, अमर है उन शहीदों के नाम,
जिन्होनें दिया भारत को एक नई पहचान | |

जय हिन्द||

4. एक शहीद की कहानी उसकी माँ की ज़ुबानी......

किसी ने पूछा मुझे आपका बेटा क्या है ? मैने बोला , शहीद है ।
देश की सेवा करते करते अपनों को भूल जाने की ताकत रखने वाला वीर है ,
भारत माँ के लिए मुझे छोड के बलिदान देने वाला अमर जवान है ।

उसने पूछा, फिर भी आप खुश कैसे है ? और मैंने बोला ,
मेरा बेटा तो आया था खाली हाथ , पर गया तिरंगा लपटे के ,
इस छोटी सी उमर में भी जीना सिखाया वो मुझे मुस्कुराके ।

कभी लोग बुलाते थे उसको मेरे नाम से ,
आज मैं जानी जाउंगी उस शहीद के नाम से ।
बिना मांगे दोनों माँ को दे दिया इतना सम्मान ,
और क्या चाहिए , मेरा बेटा तो है अमर जवान ।

जय हिन्द !!

5. अभिनन्दन को है अभिवंदन

ना कश्मीर के हैं ना कन्याकुमारी के हैं ,
वीर तो वो सम्पूर्ण भारत के है |
मज़हब हिंदुस्तान उनका भाषा हिंदुस्तानी ,
वतन के लिए वों हैं तैयार देने को कुर्बानी |
कर्म महान है उनका सीमा आसमान ,
साहस और धैर्य का है वो दूसरा निशान |
देश के रखवाले हैं वो नाम अभिनन्दन ,
ये जहान सिस झुकाके करता है आपका अभिवादन ||
जय हिन्द

6. आजाओ

नाजुक सी घड़ी है, पर हिम्मत टूटने नहीं देंगे,
छोटी सी ये चिंगारी को हम वड़क्ने नहीं देंगे,
गरजती हुई बादल को बरसने नहीं देंगे,
छुप छुप कर बार करने वालों को तो यूँ जाने नहीं देंगे //
अमन की बात सिर्फ कहते नहीं हम समझते भी हैं,
ये हमारे अभिमान नहीं स्वविमान है,
पर उम्मीद भी किसे लगाए बिठया हैं,
जिसे अपनी ही बात पे विस्वास नहीं है //
यूँ तो किसी से हम पहले नहीं लड़ते,
पर अपनी वतन की दुसमन को हम भी नहीं छोड़ते,
सुधारना है तो अब भी वक्त है ,, सुधर जाओ,
नहीं तो हम भी तैयार है, आजाओ //

7. ये है कारगिल की कहानी ..... जरा याद करो क़ुरबानी

ये बात है २० साल पूरानी,
है ये कारगिल की कहानी //

जब फिर हिमालय गूंज उठा ,
हमारे पडोशी की नाकाम इरादों से फिर से वह दर्द जाग उठा/

छूप छूप के घुश गए वेश बदलके ,
हमारे आंगन मैं आग लगाके /

ये बात है २० साल पूरानी,
है ये कारगिल की कहानी //

पर उन्हें भी क्या पता था यंहा तो बच्चा बच्चा भी वीर है ,
वतन के रक्षा करने के लिए यंहा जिन्दा तो क्या, मुर्दा भी हाजिर है/

निचे रहे केभी नींद उडदिये दुश्मनो की,
वापस ले लिए कारगिल जो थी अपने ही हक़ की//

ये बात तो है २० साल पूरानी,
ये है कारगिल की कहानी,

उन अमर जवानो की बलिदान की निसानी,
जरा याद करो ये क़ुरबानी//

// जय हिन्द //

8. चंद्रयान-२

मैं भारत की आन बान और शान हूँ ,
विज्ञान की नयी चमत्कार हूँ ,
हज़ारों बैज्ञानिक की खोज हूँ ,
मैं चंद्रयान-२ हूँ//
पहली बार मैं थोड़ा चूक जरूर गया,
पर रुका नहीं इस बार पहुंच ही गया ,
चाँद के गोद मैं पानी ढूंढने ,
और उसके बार मैं कुछ नयी जानकारी देने//
असेष धन्यवाद उन सब लोगों की ,
जीनों ने दिया मुझे रूप और रंग उड़ने की ,
मैं भी वादा करता हूँ अपना काम सही से करूँगा ,
चाँद पे खिलखिलाती त्रिरंगा को कभी झुकने नहीं दूंगा //
//जय हिन्द //

9. अब कश्मीर भी आगे बढ़ेगा

में अभिन्न तो थी,
पर समस्त नहीं,
में आज़ाद तो थी,
पर सुरक्षित नहीं /
घाटी से ले के डल तक सब कहने को तो मेरा ही था,
पर नजाने कितने नापाक इरादों से रोज मेरा दिल घबरा जाता था//
कितनी वादीयां बिछड़ गए,
हज़ारों सपने बिखर गए,
वह तो राम भी जाने अल्लाह भी,
यहां कितने जान ऐसे ही गुजर गए//
हर साल पर साल यहां युद्ध हुआ,
फिर किसी माँ का बेटा, बहन का भाई , पत्नी का पति शहीद हुआ,
मिट्टी से लेकर हवा तक सब कांप उठा,
ये दर्द मेरे दिल का फिर जाग उठा//
७० साल से लड़ रही थी में,
कभी अपनों से तो कभी पडोसी से,
अपने ही घर में गुमराह हो के
त्रिरंगा ओढ ना सकी कभी शांति से//
नयी उम्मीद जगी हे आज,
अब कश्मीर भी आगे बढ़ेगा,
कदमों से कदम मिलाकर,

प्रज्ञा मिश्रा

नया भारत का भाग्य लिखेगा//
//जय हिन्द//

10. बुलंद कर हौसला अपना

बुलंद कर हौसला अपना,
तो भाग्य भी बदलेगा//
सख्त कर मेहनत अपना,
तो खुदा भी पूछेगा//
मंजिल की खोज में भटका हुआ राही,
समझ ले अपनी अंदर की शक्ति को,
तो दुनिया भी झुकेगा //
ना बन तू किरदार इतिहास का,
बना ले अपना इतिहास,
तो यह जहां भी याद रखेगा//

11. आज़ादी मुबारक

भारत को ७३वां स्वाधीनता दिवस मुबारक,
कश्मीर की स्वतंत्रता को पहली आज़ादी मुबारक,
मुस्लिम बहनो को तीन तलाक से , आज़ादी मुबारक,
चंद्रयान की पहली जित को आज़ादी मुबारक,
सशक्त भारत की आंतकबाद विरोधी नीति को आज़ादी मुबारक,
विश्व की सबसे बड़े गणतंत्र को उसकी आज़ादी मुबारक//
//जय हिन्द//

12. वह है हम सब के प्रिय अटल

सिर्फ नाम ही अटल नहीं था उनका काम भी था अचल,
अपने इरादों में पक्के कभी ना झुका जिनका सर,
इस देश की सेवा में बिता जिनका हर पल,
वह है हम सब के प्रिय अटल //
एक कवी जिनका भावना है अनमोल,
एक राजनेता जिनका चरित्र है निर्मल
वह है हम सब के प्रिय अटल //
एक बक्ता जिनका भाषण अविचल,
एक प्रधान मंत्री जिनका संकल्प निस्चल
वह है हम सब के प्रिय अटल //
सशक्त किया था जिन्होने भारत माँ का आंचल,
वह है हम सब के प्रिय अटल //

13. तू तो हर रूप में प्रकट हैं

तुझे कृष्ण कहुँ या कान्हा बुलाऊं,
तुझे देवकीनंदन कहुँ या यशोदा नंदन बुलाऊं,
तुझे परमेश्वर बुलाऊं या जोगेश्वर,
तू तो हैं जगदीश्वर//
तू अच्युत भी हैं अनंत भी,
तू तो पार्थसारथी हैं प्रजापति भी,
तू अनिरुद्ध हैं अपराजित भी,
तू द्वारकाधीश हैं ऋषिकेश भी//
तू मदन हैं मधुसूदन हैं ,
तू नारायण हैं निरंजन हैं ,
तू सनातन हैं सर्वजन हैं ,
तू जगतगुरु हैं जनार्दन हैं //
तू वासुदेव हैं विश्वकर्मा ,हैं
तू विश्वरुपा हैं विश्वमूर्ति हैं ,
तू श्रेष्ट हैं सुदर्शन हैं ,
तू मुरलीधर है मनोहर हैं //
तू इस संसार का सार हैं ,
हर जीवन का आधार हैं ,
तुझे कोई कुछ भी बुलाएँ
तू तो हर एक रूप में प्रकट हैं//

14. बेटी

प्रकृति की गोद में सुंदरता की परिचायक हे बेटी ,
भगबान के घर से सौभाग्य का बरदान हे बेटी ,
हर माँ की लाडली ओर पिता का पहला प्यार हे बेटी ,
दुनिया की अभीनय में कभी ना थकने वाली किरदार हे बेटी//
घर को सवर्ग बनाने वाली कलियां हे बेटी,
अपने परिवार का स्वाविमान हे बेटी ,
जिंदगी की हर दौर में साथ निभाने वाली दोस्त हे बेटी ,
हर हालत में खुश रहने वाली चिराग हे बेटी //
फिर भी नजाने क्यों ऐसी हे इस दुनिया की रीती ,
सबको चाहिए माँ ,बीवी ,बहन,दोस्त ..पर नहीं चाहिए बेटी //
बंश को बढ़ावा देने वाले दुनिया वालों ,
कभी तो सोच लिया करो अपनी अंश के बारे में ,
जीवन की हर एक अनुभूति के बारे में,
जो सिर्फ़ एक बेटी से मिल सकती हे हर घर आंगन में //
जब जब स्त्रियओं का असन्मान हुआ ,
तब तब इस संसार में युद्ध हुआ ,
चाहे वह रामायण हो या महाभारत ,
हर बार नारी का ही बिजय हुआ //
नाजुक न समझो वो सशक्त हे,
अपने आप में ही वह समस्त हे ,
जिस रूप में देखना चाहो उसी रूप में पाओगे
उसके बिना क्या इस श्रिष्टि की कल्पना भी कर पओगे//

15. बचपन

यादों की गलियों में झाँका तो नज़र आया एक सुन्दर सा दर्पण
वोः था मेरा बिता हुआ बचपन,
एक ऐसी दुनिया जंहा था सिर्फ और सिर्फ हसी का स्थान ,
सुख तो जैसा था वहां बिन बुलाया मेहमान //
वोः रंगीन हसीन दुनिया की बातें ही कुछ और थी ,
चाहे वो की परियों कहानी काल्पनिक ही क्यों नहीं थी //
जीवन के सफर में आगे चलते चलते छूट गए वो हाथ ,
पर वो अनमोल यादें सदा रहेंगे हमारे साथ //
आज भी करती हूं उम्मीद है ,बचपन
सायद कभी और एक बार होगा तुम्हरा आगमन //

16. हे माँ

आइए माँ स्वागत है आपका इस तथाकथित सभ्य दुनिया में,
झूट और भ्रष्टाचार से भरा ऊपर से सुन्दर इस मरीचिका में //
खोजने की जरुरत नहीं है यहाँ महिषासुरों को,
बस जरुरत है पहचान ने उनकी गंदी इरादों को //
बोलने को तो लड़की कोई रूप है आपकी ,
पर सच में तो वह है सामान जरुरत की //
इस ९ दिनों तक रहेगी वह पूजनीया,
उसके बाद वही हो जाएगी दण्डनीयां//
हे माँ सुनलो पुकार ,
कर दो फिर से कोई चमत्कार //
लोग ना पूजे सिर्फ दुर्गा या लख्मी को,
पूजे हर एक नारी को , इस स्रष्टा की सृष्टि को ,
आदिमाता से ले के काली माता को,
अपनी माँ से ले के दूसरों की बेटी को//

17. माँ की कोई मज़हब नहीं होता है

माँ की की मज़हब नहीं होता है ,
उसकी ममता की कोई कीमत नहीं होती हे ,
माँ ,अम्मी और ,अम्मा मैं एक ही मिठास होती है ,
वही एक नाम जो जीवन को पूरा कर देती है //
वह हर समुदाय की धेय होती हे ,
उसकी मेहनत को कभी बिरियानी ,केक या लाडू से बंटा नहीं जाता है ,
दिवाली , क्रिसमस या ईद में वह अपने आप को सजा नहीं पाती हे ,
क्यूंकि वह अपनों के लिए ही जीती या मरती है //
मंदिर , मस्जिद, गुरुद्वारा या चर्च वह जगह होती हे ,
जंहा हमारी प्यारी माँ अपनों के लिए दुआ मांगने जाती हे ,
वह ईश्वरः भी   चकित हो जाते हैं , और सोचने लगते हैं ,
ये माँ आखिर कैसा किरदार है , जिसको मैं ने ही बनाया है ,!!
माँ की कोई मज़हब नहीं होता है , क्यूंकि उसकी मजहब सिर्फ और सिर्फ प्यार होती हे /

18. भूख

भूख बोलने को तो एक सामान्य क़ुदरती प्रक्रिया है ,
पर गरीबों के लिए अभिशाप और अमीरों के लिए आशीर्वाद होती है,
कोई दो बख़्त की रोटी के लिए तड़पता रहता है ,
और किसके लिए ये ज़रुरत से ज्यादा बिरियानी खाने की जरिया है //
जिंदगी शुरु होने से पहले ही ये प्रक्रिया शुरु हो जाती है ,
और मरते दम तक चालू रहती है ,
इसे पूरा करने के लिए कितने बचपन बिक जाते हैं ,
नजाने कितने नादान माँ और बहनों के सन्मान लूट जाते हैं //
भूख के लिए यहाँ जाने भी चले जाते हैं ,
पराये तो क्या अपने ही अपनों का सौदा कर आते हैं ,
फिर भी किसीका पेट नहीं भरता है तो और किसीका नियत नहीं ,
भूखे तो यहाँ सब है जनाब किसको दोष दे के कोई फायदा नहीं //
भूख ना कोई जाती धर्म देखता है ,
ना सुबह साम की प्रतीक्षा करती है ,
वो तो सबको आंखे रहते ही अंधा बना देता है ,
ईस्वर की ये लीला समझ मैं नहीं आती है //

19. कुर्सी

मुझे साधारण समझने की गलती ना करना ,
मैं बड़ी ही काम की चीज हूं ,
मैं हर घर पे तो होती हूं ,
पर मेरी रूप रंग पे कभी भरोसा ना करना //
मैं मनुष्य तो क्या भगवान को भी गुमराह कर सकती हूं ,
रामायण से ले के महाभारत की जड़ मैं ही तो हूं ,
यही कुर्सी ही तो थी जो रामलला को बनवास पे भेजा था ,
वही कुर्सी ही तो थी जो पांडवों को अज्ञातबास मैं जाने को मजबूर किया था //
मेरे लिए पिता पुत्र मैं झगड़ा हो जाता है ,
मेरे लिए भाई भाई का शत्रु बन जाता है ,
सारे क्षमता और मोह का उत्पत्ति मेरे से ही तो है ,
जाने अनजाने मैं सारे युद्ध की कारण मेरे से ही हे //
बड़ी साधारण दिखती हूं ,पर हूं नहीं ,
नाम छोटा है , पर काम नहीं ,
मैं उस अद्रिस्य शक्ति की स्रोत हूं , जिसमें पुरे दुनिया की स्थिति कायम है ,
मैं वही कुर्सी हूं , मनुष्य को ललचाना ही तो मेरा धर्म है //

20. राम रहीम में क्या रखा है

वह राम हैं रहीम हैं ,
वह ईश्वर हैं अल्लाह हैं ,
वह सत्य हैं सर्बब्यापी हैं ,
वह सिर्फ अयोध्या में नहीं हर भारतीय के दिल में है //
जिसने ये दुनिया बनाया उसकी अस्तित्व को ले के लड़ रहे हें हम
,
अपने ही घर से बेघर करके इंसाफ मांग रहे हें हम//
माना ये त्रेता नहीं कलि युग है ,
पर इतनी समझ तो मनुष्य में आज भी बाकी है,
क्या दे के पूजे तुझे सब तो तू-ने ही बनाया है ,
नाम में क्या रखा है काम से ही तो परिचय है //
जो पुरा जग का मालिक है , उसे एक छोटी सी जगह की क्या
ज़रूरत है ,
राम हो या रहीम हो उसे ये सस्ती राजनीति से क्या मतलब है ,
वह तो तब भी प्रजा के हित करते थे अब भी कर रहे हें ,
नहीं तो इतने सालों से हम उसी मुद्दे को ले के कैसे जिन्दा हें //
मुदा ये नहीं है की वह जगह राम का है या रहीम का है ,
मुदा ये है की अयोध्या में शांति की ज़रुरत है ,
राम की दोहे तो कबीर भी लिखा करते थे ,
फिर भी वह हिन्दुओं के ही प्रिय है //
ये मंदिर या मस्जिद ईश्वर ने ना बनाया है ,
ये मज़हब की बातें अल्लाह ने ना सिखाया है ,
जिनके लिए सब एक है ,
चाहे प्रार्थना हो या इबारत उससे क्या फर्क है//

अयोध्या ना   हिन्दुओं के है   ना   मुसलमानों की ,
     ये तो है एक अंग संपूर्ण भारत की ,
        फिर ये बिबाद कैसे हुआ दो धर्मों की ,
जब मालिक एक है तो ये   दीबार   किस बात की //

21. गुरु

उनके लिए क्या लिखें जिन्होंने मुझे बनाया है ,
लगता तो यही है, मेरे लिए ही खुदा ने उनको भेजा है //
जिस दिन मैं पहेली बार इस दुनिया में आई ,
उसी दिन मैं मेरी पहली गुरु को माँ के रूप में पाई//
बढ़ती उम्र के साथ जिन्होंने करवाया इस दुनिया से मेरा पहचान ,
वह और कोई नहीं , मेरे दूसरी गुरु पिता हैं उनका नाम //
धीरे धीरे जिंदगी आगे बढ़ती गई,
इस कोरा कागज़ में रंग खिलती गई ,
विद्यालय से लेके आज तक ,
उन महानुभावों की आशीर्वाद मिलती गई //
फिर मन में ख्याल आया गुरु कौन हैं ?
और बहुत सोचने के बाद उत्तर मिला :
गहरे समुन्दर के किनारे हैं गुरु ,
अज्ञानता के मार्ग में ज्ञान का दीपक हैं गुरु ,
जिंदगी की हर मुश्किल को हल करने वाला वह इंसान हैं गुरु ,
मुश्किलों से निकाल के मंज़िल तक पहुंचाने वाला वह व्यक्ति हैं गुरु ,
बिना कहे मन की भाव समझने वाले दोस्त हैं गुरु//
गुरु शब्द में ही गरिमा है ,
नाम में ही ज्ञान है ,
उच्चारण में ही सन्मान है ,
इसीलिए तो वह ईश्वर से वि बड़े हैं //

www.ingramcontent.com/pod-product-compliance
Lightning Source LLC
LaVergne TN
LVHW041718060526
838201LV00043B/801